Die Anatomie des Staates

Murray N. Rothbard

Die Anatomie des Staates

Murray N. Rothbard

Bibliografische Information der Deutschen Nationalbibliothek:
Die Deutsche Nationalbibliothek verzeichnet diese Publikation
in der Deutschen Nationalbibliografie; detaillierte
bibliografische Daten sind im Internet über http://dnb.dnb.de
abrufbar.

Herstellung und Verlag: BoD – Books on Demand,
Norderstedt

ISBN: 978-3-7543-1618-4.

'The Anatomy of the State' ist eines der eindringlichsten literarischen Werke Murray Rothbards. Es wurde mehrmals veröffentlicht[*]. **Libertarian Alliance** veröffentlichte es zusammen mit der Abbildung von Goyas *Saturn*[**], ein Bild, welches die rechte Stimmung zu dem Werk verleiht und schreibt dazu:

„Die Leute sind sehr ambivalent in ihrer Haltung zum Staat. Obwohl es ein tiefen und wohl begründeten Argwohn gibt, dass der Staat eigentlich ihren Belangen schadet, existiert ebenso ein grundsätzliches Gefühl — zumindest in Demokratien — dass der Staat besteht, um einige essentielle und nützliche Funktionen für

[*]Rothbard, Murray, N.. *The Anatomy of the State*. Rampart Journal of Individualist Thought 1.2 (Summer 1965).

——. *The Anatomy of the State*. In *Egalitarianism as a Revolt Against Nature and Other Essays*. Auburn: Mises Institute, 2000: 55-88, (Washington, D.C.: Libertarian Review Press, *1974*)
<www.mises.org/pdf/anatomy.pdf>

——. LewRockwell.com,
<www.lewrockwell.com/rothbard/rothbard62.html>.

[**]Libertarian Alliance, 2001. <www.la-articles.org.uk/roth.htm>, Bildquelle: Wikimedia Commons.

seine Bürger auszuüben. Murray Rothbard zeigt sich von all dem ungestört. Der Staat 'repräsentiert' nicht seine Bürger in irgendeiner bedeutungsvollen Weise. Eher raubt er im Territorium seiner Gerichtsbarkeit unter Gebrauch seines Gewaltmonopols seine Bürger aus. Abgeneigt durch natürliche Mittel (wie Produktion und Tausch) Wohlstand zu erreichen, beschert der Staat eine relativ sichere Methode zur Konfiszierung von Eigentum zugunsten Dritter und begünstigt so das Wachsen von parasitischen Gruppen. Rothbard behandelt, wie der Staat seine Macht gerade dadurch behält, dass er diesen Gruppen mit ihrem etablierten ökonomischen Nutzen zur Absicherung ihres Fortbestehens zuarbeitet. Besonders wertvoll für den Staat sind die Intellektuellen, die den Herrschern Gründe liefern, weshalb der Staat existieren muss und warum seine Bürger nicht ohne existieren könnten. Wir mussten Herrscher haben, da Gott gesagt habe, dass sie — da gerecht und weise - nötig seien, und — das ist die Argumentation seit dem 20ten Jahrhundert — weil wir jemanden für den wirtschaftlichen Gesamtplan bräuchten. Rothbard diskutiert ausgiebig die aufkommenden Schwierigkeiten, um staatliche Macht zu kontrollieren und zu begrenzen; so zum Beispiel für die parlamentarische Demokratie, welche als Kontrolle der Macht in den absolutistischen

9

Monarchien begann und für die Unterstützung des Staates pervertiert wurde. Wie Herbert Spencer anmerkte, ist das „Heilige Recht der Könige" durch das „Heilige Recht des Parlaments" ersetzt worden, und die Ansprüche der Letzteren sind nicht weniger erhöht als die der Ersteren. Dies und eventuell mehr führt Rothbard zur Schlussfolgerung, dass „das Problem des Staates erwiesener-maßen so weit weg von einer Lösung ist wie nie zuvor." Und es ist nicht gerade ein Zufall, dass das blutigste Jahrhundert der Weltgeschichte von der Wiederbelebung des Glaubens an staatlicher Macht prägend begleitet war. Die Libertarian Alliance denkt, dass das grundlegende Verständnis der plündernden Natur staatlicher Herrschaft die sicherste Methode ist diesen Trend zu bewerten und die Arbeit der großen Anti-Etatisten des 17ten bis 19ten Jahrhunderts fortzusetzen. Mit diesem Ziel republizieren wir die klassische Analyse Murray Rothbards über den Staat."

INHALTSVERZEICHNIS

I. WAS DER STAAT NICHT IST

Der Staat gilt den Leuten als etwas, dass sie nahezu grundsätzlich als Autorität ihrer sozialen Belange betrachten. Einige Theoretiker verehren den Staat als die Apotheose der Gesellschaft; andere betrachten ihn als liebenswürdige, wenn auch oft ineffiziente Organisation zur Erreichung sozialer Zwecke; aber fast alle betrachten ihn als ein notwendiges Mittel zur Erreichung der Ziele der Menschheit, ein Mittel, das sich gegen den 'privaten Sektor' erstreckt und dabei oft im Wettstreit um Ressourcen gewinnt. Mit dem Aufstieg der Demokratie hat sich die Identifikation von Staat mit Gesellschaft verdoppelt, bis dass es üblich wurde, Gefühlsausdrücke wie „Der Staat sind wir"[1] zu hören, die geradezu jeden Grundsatz der Vernunft und jeden gesunden Menschenverstand übertreten. Das nützliche kollektive Wörtchen 'wir' hat eine ideologische Verschleierung ermöglicht, um über die Wirklichkeit des politischen Lebens gestülpt zu werden. Wenn 'wir der Staat sind', dann ist alles, was ein Staat gegenüber einem Individuum macht, nicht nur gerecht und untyrannisch sondern auch 'freiwillig', was den Teil des Individuums angeht. Wenn der Staat durch eine Gruppe von Menschen eine riesige Staatsverschuldung angehäuft hat, die durch Steuern einer anderen Gruppe zurückgezahlt werden muss, dann wird diese Realität der Last durch den Ausdruck „wir schulden es zu uns selbst" verdunkelt. Wenn der Staat einen Mann zum Wehrdienst verpflichtet oder ihn wegen einer abweichenden Meinung ins Gefängnis wirft, dann tut er das 'zu sich selbst' und daher ist nichts Ungehöriges passiert. Unter dieser Art der Begründung wurde jeder von der Nazi-Diktatur ermordete Jude nicht gemordet. Stattdessen haben sie einem 'Suizid zugestimmt', weil sie ja der (demokratisch gewählte) Staat waren, und deshalb war alles, was der Staat mit ihnen tat, freiwillig, was ihren Teil angeht. Man würde nicht denken, dass es notwendig wäre, auf diesem Punkt herumzureiten, doch noch

---

[1]Passende Ausdrücke, die Rothbard nicht zur Verfügung standen, sind auch: „Wir sind das Volk" oder „Du bist Deutschland". (Anm. des Editors)

immer hängt die überwiegende Masse der Menschen diesem Trugschluss mehr oder weniger an.

Wir müssen daher hervorheben, dass „wir" nicht der Staat sind. Der Staat ist nicht „unser". Staat 'repräsentiert' nicht in irgendeiner sauberen Weise die Mehrheit der Menschen.[1] Aber selbst wenn er es täte; selbst wenn 70 Prozent der Menschen entschieden, die anderen 30 Prozent zu morden, würde dies immer noch Mord bleiben und kein freiwilliger Suizid, was den Teil der abzuschlachtenden Minderheit angeht.[2] Keine biologistische Metapher,[*2] keine irrelevante Plattitüde, dass „wir alle gegenseitig Teil des Ganzen" wären, darf erlaubt sein, um diese grundsätzliche Tatsache zu verschleiern.

Wenn der Staat also nicht 'unser' ist, wenn er nicht „die menschliche Familie" ist, um über gegenseitige Probleme zu entscheiden, wenn er nicht ein Kaffeekränzchen oder ein Turnverein ist, was ist er dann? In Kürze: Der Staat ist die Organisation der Gesellschaft, die versucht in einem territorialen Gebiet ein Monopol auf den Gebrauch von Macht und Gewalt

---

[1] Wir können in diesem Kapitel nicht die vielen Probleme und Täuschungen der „Demokratie" ausarbeiten. Es sollte ausreichen zu sagen, dass ein Vertreter oder „Repräsentant" eines „Wählers" in Wirklichkeit immer ein Subjekt der Gesetze ist, die für oder gegen das Individuum gemacht werden, denn er kann zu jeder Zeit fort geschickt werden und er kann erst recht nicht gegen die Interessen und Wünsche seines Vollmachtgebers handeln. Es ist ganz klar, dass der „Repräsentant" für den Selbstbestimmenden in einer Demokratie niemals solche Anwalts-Funktionen erfüllen kann.

[2] Sozialdemokraten erwidern oft scharf, dass demokratische 'Mehrheit/Wahl des Herrschers'-Logik impliziere, dass die Mehrheit bestimmte Freiheiten der Minderheit belassen muss, damit die Minderheit auch einmal die Mehrheit werden darf. Abgesehen von anderen Einwänden, ist dieses Argument offensichtlich nicht haltbar, wenn die Minderheit gar nicht die Mehrheit werden kann, zum Beispiel, wenn die Minderheit sich aus einer angeborenen oder festen und durch politische Wahlen nicht änderbare Zugehörigkeit definiert, wie bei den gemordeten Juden in Nazi-Deutschland.

[*2] wie 'Ameisenstaat' (Anm. des Editors)

aufrecht zu erhalten. Während andere Individuen oder Institutionen ihr Einkommen durch Produktion von Gütern oder durch Dienstleistungen und durch friedlichen und freiwilligen Verkauf dieser Güter und Produkte erhalten, ist insbesondere der Staat die einzige Organisation in der Gesellschaft, die ihre Einnahmen aufgrund von Zwangsanwendung erlangt — also letztendlich durch den Gebrauch des Bajonetts und durch die Behandlung mit Zuchthaus,[3] um genau zu sein. Hat der Staat einmal durch Macht und Gewalt Einnahmen erhalten, fährt er üblicherweise damit fort auch die anderen Handlungen seiner einzelnen Bürger zu regulieren und zu diktieren. Man würde denken, dass die einfache Beobachtung aller Staaten durch die Geschichte über den ganzen Globus diese Behauptung genügend belegen würde, aber durch lange staatliche Aktivität zog der Mief des Mythos so sehr ein, dass man gründlicher als gründlich auslüften muss.

---

[3]Joseph A. Schumpeter (198): *"The friction or antagonism between the private and the public sphere was intensified from the first by the fact that ... the State has been living on a revenue which was being produced in the private sphere for private purposes and had to be deflected from these purposes by political force. The theory which construes taxes on the analogy of club dues or of the purchase of the service of, say, a doctor only proves how far removed this part of the social sciences is from scientific habits of mind."* Siehe auch Murray N. Rothbard (*The Fallacy*, 3ff).

II. WAS DER STAAT IST

Nackt wird der Mensch in die Welt geboren und muss lernen, seinen Verstand zu gebrauchen, um die ihm von der Natur gegebenen Ressourcen zu nutzen und sie in Formen und an Orte zu bringen (zum Beispiel durch Einsatz von 'Kapital'), wie und wo sie für die Befriedigung der Bedürfnisse und die Verbesserung ihres Lebensstandards genutzt werden können. Der einzige Weg dies zu tun, ist durch den Gebrauch seines Verstandes und seiner Energie, um Ressourcen umzuwandeln ('Produktion') und den Austausch dieser Produkte für Produkte, die von anderen hergestellt wurden. Der Mensch hat verstanden, dass im freiwilligen Prozess gegenseitigen Tausches die Produktivität und damit der Lebensstandard aller Beteiligten im Austausch enorm steigen kann. Der einzige 'natürliche' Kurs für den Menschen, um zu überleben und Wohlstand zu erreichen, ist daher durch Gebrauch seines Verstandes und seiner Energie im Produktion-und-Tausch-Prozess teilzuhaben. Er tut dies, zunächst durch Auffinden natürlicher Ressourcen und dann durch Umwandlung (und durch „Vermischung seiner Arbeit" mit diesen, wie Locke es formuliert), womit er sein persönliches *Eigentum* definiert, um dann seine Erträge gegen anderes Eigentum anderer, die ebenso streben, einzutauschen. Der sozial diktierte Weg durch die Erfordernisse der Natur des Menschen ist deshalb der Weg der 'Eigentumsrechte' und des 'freien Marktes' als Gabe oder Ergebnis solcher Rechte. Durch diesen Weg haben Menschen gelernt, die 'Dschungel'-Methoden des Kampfes über knappe Ressourcen zu vermeiden, so dass A sie nur auf Kosten von B erreichen kann. Stattdessen haben sie begriffen, dass sie ihre Ressourcen friedlich und harmonisch durch Wertschöpfung vervielfachen können.

Der berühmte Soziologe Franz Oppenheimer zeigte auf, dass es zwei gegenseitig ausschließende Wege gibt Wohlstand zu erreichen. Einer ist der obige Weg von Produktion und Austausch – er nennt es das „ökonomische Mittel". Der andere Weg ist einfacher, insofern es keine Produktivität verlangt. Es ist der Weg der Besitzergreifung von Gütern und Leistungen anderer durch die Anwendung von Macht und Gewalt. Dies ist die Methode einseitiger Konfiszierung und des Diebstahls fremden Eigentums. Es ist die Methode, die Oppenheimer das „politische Mittel" zu Wohlstand nennt. Es sollte klar sein, dass der friedliche Weg von Vernunft und Energie in der Produktion der 'natürliche' Weg für den Menschen ist: das Mittel für sein Überleben und Fortkommen auf dieser Erde. Es sollte genauso klar sein, dass das zwangsweise, ausbeuterische Mittel im Gegensatz zum Naturgesetz steht, denn es ist parasitisch. Anstelle etwas dem Produktiven hinzuzufügen, subtrahiert es etwas davon ab. Das 'politische Mittel' ist lediglich Wertabschöpfung zugunsten eines parasitischen und destruktiven Individuums oder Gruppe. Und diese Wertabschöpfung subtrahiert nicht nur von der Menge des Produzierten, sondern vermindert auch noch die Anreize für den Produzenten über seinen eigenen dringenden Bedarf hinaus zu produzieren. Auf lange Sicht zerstört der Räuber seine eigene Lebensgrundlage durch Verminderung und Eliminierung der Quelle seines Bezugs. Aber nicht nur das; selbst auf kurze Sicht handelt der Räuber entgegen seiner eigenen wahren Natur als Mensch.

Wir sind nun in der Position es besser zu beantworten: Was ist der *Staat*? Der Staat ist in den Worten von Oppenheimer die „Organisation des politischen Mittels". Er ist die Systematisierung des Prozesses der 'Plünderei' in einem gegebenen Territorium.[4] Das Verbrechen ist bestenfalls

---

[4]Franz Oppenheimer (19-21): *„Es gibt zwei grundsätzlich entgegengesetzte Mittel, mit denen der überall durch den gleichen Trieb der Lebensfürsorge in Bewegung gesetzte Mensch die nötigen Befriedigungsmittel erlangen kann: Arbeit und Raub, eigne Arbeit und gewaltsame Aneignung fremder Arbeit. ... Ich habe aus diesem Grunde und auch deshalb, um für die weitere Untersuchung kurze, klare, scharf gegeneinander klingende Termini für diesen sehr wichtigen Gegensatz zu haben, vorgeschlagen, die eigne Arbeit und den äquivalenten Tausch eigener gegen fremde Arbeit das »ökonomische Mittel«, und die unentgoltene Aneignung fremder Arbeit das »politische Mittel« der Bedürfnisbefriedigung zu nennen. ... Der Staat ist die Organisation des politischen Mittels. Und darum kann ein Staat nicht eher entstehen, als bis das*

sporadisch und unsicher; das Schmarotzertum ist kurzlebig, und der zwanghafte, parasitische Lebensweg kann jederzeit durch den Widerstand der Opfer abgewehrt werden. Der Staat liefert einen legalen, geordneten, systematischen Abzugsgraben für die Plünderung privaten Eigentums. Er bedient zuverlässig sicher und relativ 'friedlich' die Lebensweise der parasitischen Kaste in der Gesellschaft.[5] Da Produktion immer der Plünderung vorausgehen muss, geht der freie Markt dem Staat vorher. Der Staat hat niemals einen 'sozialen Vertrag' erzeugt, er ist immer aus Eroberung und Ausbeutung entstanden. Das klassische Paradigma war ein erobernder Stamm, der in seiner Zeit darin pausiert, einen eroberten Stamm zu plündern und zu morden, um belohnend zu begreifen, dass die Zeitspanne des Plünderns länger, sicherer und angenehmer sein würde, wenn dem eroberten Stamm mit den siedelnden Eroberern unter ihnen das Leben und Arbeiten erlaubt bleibe, so dass ihnen im Jahr 'nur' ein bestimmter 'stetiger' Tribut abverlangt wird.[6] Eine Methode der Geburt eines Staates kann wie folgt illustriert werden: In den südlichen Bergen von „Ruritanien"[*3] organisiert sich eine

---

ökonomische Mittel einen gewissen Stamm von Gegenständen der Bedürfnisbefriedigung geschaffen hat, die kriegerischer Raub erwerben kann."

[5] Albert Jay Nock (*On Doing, 143*) schrieb eindringlich, dass *„the State claims and exercises the monopoly of crime. ... It forbids private murder, but itself organizes murder on a colossal scale. It punishes private theft, but itself lays unscrupulous hands on anything it wants, whether the property of citizen or of alien."* (Auch zitiert von Jack Schwartzman (11).)

[6] Was ist also der Staat im soziologischen Begriffe? ... Das ist »das Gesetz, nach dem er angetreten«, und das ist der Staat geblieben. Er ist seiner Entstehung nach ganz und seinem Wesen nach auf seinen ersten Daseinsstufen fast ganz eine gesellschaftliche Einrichtung, die von einer siegreichen Menschengruppe einer besiegten Menschengruppe aufgezwungen wurde mit dem einzigen Zwecke, die Herrschaft der ersten über die letzte zu regeln und gegen innere Aufstände und äußere Angriffe zu sichern. Und die Herrschaft hatte keinerlei andere Endabsicht als die ökonomische Ausbeutung der Besiegten durch die Sieger. Und de Jouvenel (*On Power, 100–1*) hat geschrieben: *"the State is in essence the result of the successes achieved by a band of brigands who superimpose themselves on small, distinct societies."*

[*3] Erfunden wurde der Name 'Ruritanien', den auch Mises schon benutzt

Gruppe von Banditen, um die physische Kontrolle über ein Territorium zu erlangen und schlussendlich erklärt sich der Bandenchef selbst als König eines souveränen und unabhängigen „Süd-Ruritaniens", und wenn er und seine Gefolgsleute eine Weile ihre Herrschaft und Regeln aufrecht erhalten haben, dann ist, „siehe da!", ein neuer Staat in die 'Familie der Nationen' aufgenommen worden und der gesetzmäßige Adel des Reiches besteht aus den ehemaligen Anführern.

III. WIE DER STAAT SICH SELBST BEWAHRT

Hat sich der Staat einmal etabliert, dann hat die herrschende Gruppe oder 'Kaste' das Problem ihre Regeln aufrechtzuerhalten.[7] Da 'Macht' ihr modus operandi ist, ist deren grundsätzliches und langfristiges Problem ideologisch. Um im Amt zu bleiben, muss jede Regierung (nicht nur eine „demokratische" Regierung) die Unterstützung der Mehrheit seiner 'Bürger' haben. Es ist anzumerken, dass diese Unterstützung keine aktive Begeisterung sein muss. Es kann auch gut eine passive Resignation sein – wie zu einem unvermeidlichen Naturgesetz. Aber Unterstützung im Sinne

---

hat, als Handlungsort dreier Romane des Schriftstellers Anthony Hope: *Der Gefangene von Zenda* (1894), *The Heart of Princess Osra* (1896) und *Rupert von Hentzau* (1898). „Ruritanien" ist bei Hope ein fiktiver europäischer Staat, durchzogen von sozialen Konflikten, mit einem unfähigen autokratischen König und einer Gesellschaft, die deutlich in arm und reich gespalten ist. (Anmerkung des Editors)

[7]Über die wichtige Unterscheidung zwischen „Kaste", eine Gruppe mit Privilegien oder Pflichten zwangsweise durch den Staat gewährt oder auferlegt, und dem marxistischen Begriff „Klasse" in der Gesellschaft , siehe Ludwig von Mises (*Theory and History*, 112ff.),

einer bestimmten Sorte der Akzeptanz muss schon sein, denn sonst könnte die Minderheit der staatlichen Herrscher eventuell von der Mehrheit des aktiven Widerstandes in der Öffentlichkeit ausgehoben werden. Weil der Raubzug aus produktiven Erträgen finanziert werden muss, ist es notwendigerweise wahr, dass die herrschende Klasse, die den Vollzeit-Bürokratiestaat konstituiert hat (welche zunächst der Adel war), eher nur eine kleine Minderheit im Land ist, aber es kann natürlich sein, dass sie Verbündete aus wichtigen Gruppen der Bevölkerung einkaufen. Deshalb ist es immer die Hauptaufgabe der Herrschenden die aktive oder resignierende Akzeptanz der Mehrheit der Bevölkerung zu sichern.[8] [9]

Eine Methode sich die Unterstützung zu beschaffen, ist natürlich die Erzeugung fest erworbener ökonomischer Interessen. Daher kann der König alleine gar nicht herrschen. Er braucht eine beträchtliche Gruppe von Anhängern, die die Grundvoraussetzungen des Herrschers begrüßen, wie zum Beispiel die Mitglieder des Staatsapparates (wie die Vollzeit-Bürokraten) oder den etablierten Adel.[10] Aber dies sichert zunächst nur die Unterstützung einer begierigen Minderheit und selbst der wesentliche Einkauf von Unterstützung durch Subventionen oder andere Konzessionen und Privilegien bringt noch nicht die Zustimmung der Mehrheit ein. Für die grundlegende Akzeptanz muss die Mehrheit durch *Ideologie*

---

[8]Solche Akzeptanz impliziert natürlich nicht, dass die Regeln des Staates „freiwillig" würden; selbst wenn die Unterstützung der Mehrheit aktiv und begierig wäre, die Unterstützung ist nicht durch jede Person einhellig.

[9]Dass jede Regierung, ganz gleich wie diktatorisch sie über Individuen ist, solche Unterstützung sicher stellen muss, ist durch solche gründlichen politischen Theoretiker wie Étienne de la Boétie (8-9), David Hume (23) und Ludwig von Mises (*HA*, 188ff.) demonstriert worden. Weitere Beiträge über die Analyse des Staates durch la Boétie findet man bei Jaszi & Lewis (55-57).

[10]La Boétie (*Anti-Dictator*, 43–44). *"Whenever a ruler makes himself dictator . . . all those who are corrupted by burning ambition or extraordinary avarice, these gather around him and support him in order to have a share in the booty and to constitute themselves petty chiefs under the big tyrant."*

davon überzeugt werden, dass ihr Staatssystem gut, weise und zumindest unvermeidlich und sicherlich besser als andere vorstellbare Alternativen sei. Die Anpreisung dieser Ideologie unter den Menschen ist die vitale soziale Aufgabe der 'Intellektuellen'. Da die Masse der Menschen keine eigenen Ideen erzeugen oder durch diese Ideen abhängig denken, adoptieren sie passiv die Ideen, die der Körper der Intellektuellen ausgestreut hat. Die Intellektuellen sind daher die 'Meinungsmacher' in der Gesellschaft. Und da es präzise ein 'Machen' einer Meinung ist, was der Staat meist dringend benötigt, wird die Basis der uralten Allianz zwischen Staat und Intellektuellen deutlich.

Es ist offenkundig, dass der Staat die Intellektuellen braucht; es ist nicht so klar, warum umgekehrt die Intellektuellen den Staat brauchen. Einfach ausgedrückt können wir sagen, dass der Lebensunterhalt der Intellektuellen auf dem freien Markt niemals allzu sicher wäre. Einerseits wäre der Intellektuelle so vom Nutzen und Wählen der großen Masse seiner Mitmenschen abhängig. Andererseits ist es gerade charakteristisch für die Massen, dass sie an den intellektuellen Angelegenheiten gewöhnlich uninteressiert sind. Der Staat wiederum ist bereit, den Intellektuellen einen sicheren und permanenten Ankerplatz in seinem Apparat anzubieten. Damit erhalten sie ein sicheres Einkommen und zusätzlich eine schmückende Ausstattung für ihr Prestige. Für die Intellektuellen wird die wichtige Funktion, die sie für die staatlichen Herrscher ausüben, attraktiv belohnt, so dass sie nunmehr Teil dieser Gruppe werden.[11]

Im 19. Jahrhundert an der Universität Berlin wurde die Allianz zwischen dem Staat und den Intellektuellen in dem begierigen Wunsch von Professoren symbolisiert die „intellektuelle Leibgarde des Hauses Hohenzollern" zu bilden[*4].

---

[11]Dies bedeutet auf keinen Fall, dass sich alle Intellektuellen mit dem Staat verbunden sehen. Vergleiche Bertrand de Jouvenel (*Attitude*, *Treatment*) über die Aspekte der Allianzen der Intellektuellen und dem Staat.

[*4]Siehe auch so genannten 'Methodenstreit der Nationalökonomie'

Am heutigen Tage bleibt uns die aufschlussreiche Bemerkung eines bedeutenden marxistischen Gelehrten bezüglich Professor Wittfogels kritischen Studie des mittelalterlichen orientalischen Despotismus: „Die Zivilisation, die Professor Wittfogel so bitterlich attackiert, war eine, die Poeten und Wissenschaftler zu Beamten machen konnte." (Joseph Needham, 65).[12] In unzähligen Beispielen können wir die letzte Entwicklung der 'Wissenschaft', nämlich der militärischen Strategie anführen, die im Dienst des größten gewaltausübenden Arms des Staates steht.[13] Darüber hinaus wurde die eigentlich ehrwürdige Institution der Geschichtswissenschaft dazu bestimmt, als Amt oder 'Gericht' für die Sicht der Taten des Herrschers (als auch des Vorgängers) zu dienen.[14]

Zahlreich und unterschiedlich sind die Argumente gewesen, durch die Staat und Intellektuelle seine Untertanen dazu veranlasste, ihre Regeln zu unterstützen. Grundsätzlich können diese Verteidigungslinien wie folgt zusammengefasst werden: (a)

(Anm. des Editors)

[12]Needham (61) schreibt auch, dass "the successive [Chinese] emperors were served in all ages by a great company of profoundly humane and disinterested scholars," Wittfogel (320-21, passim) verweist auf die konfuzianische Lehre, dass der Ruhm der herrschenden Klasse auf seine vornehm gelehrt-bürokratischen Bediensteten beruht, welche als professionelle Herrscher dafür vorgesehen sind, die die Masse des gemeinen Volkes zu diktieren. vergleiche John Lukacs (521–22) über eine Haltung, die zu Needham im Kontrast steht.

[13]Jeanne Ribs (13): "[s]trategists insist that their occupation deserves the 'dignity of the academic counterpart of the military profession.'" Siehe auch Marcus Raskin (6–7).

[14]Der Historiker Conyers Read (283ff) verteidigte so die Unterdrückung von geschichtlichen Tatsachen im Dienste der „demokratischen" und nationalen Werte mit seiner präsidentschaftlichen Formulierung. Read verkündete, dass "total war, whether it is hot or cold, enlists everyone and calls upon everyone to play his part. The historian is not freer from this obligation than the physicist.". Siehe Howard K. Beale uber eine Kritik zu Read und anderen Aspekten der Gerichtsgeschichte. Vergleiche auch Herbert Butterfield (182–224) und Harry Elmer Barnes (2ff.)

die staatlichen Gesetzgeber sind großartige und weise Menschen (sie 'regieren durch göttliches Recht', sie sind die 'Aristokratie' der Menschen, sie sind die 'wissenschaftlichen Experten'), viel großartiger und weiser als die guten aber eher seltenen einfachen Untertanen, und (b) regieren aufgrund der Umstände, dass Staat unvermeidbar, absolut notwendig und weit besser ist als die unbeschreibbaren Übel, welche sich beim staatlichen Zerfall ergeben würden. Der Bund zwischen Kirche und Staat war einer der ältesten dieser ideologischen Kunstgriffe und am häufigsten erfolgreich. Der Herrscher war entweder durch Gott ernannt oder – wie im Fall der Absolutherrschaft vieler orientalischer Despotien – selbst ein Gott. Insofern musste jeder Widerstand als 'Gotteslästerung' aufgefasst werden. Das staatliche 'Pfaffentum' ermöglichte die grundsätzliche intellektuelle Funktion zur Erlangung populistischer Unterstützung und Verehrung für die Herrscher.[15]

Ein anderer erfolgreicher Baustein war das Anerziehen von Angst zu jedem alternativen System von Herrschaft und Nicht-Herrschaft. Die momentanen Herrscher, so behaupteten sie jeweils, lieferten ihren Bürgern einen 'notwendigen' Dienst für welchen sie besonders 'dankbar' sein sollten: 'Schutz' gegen sporadische Kriminelle und Plünderer. Zugunsten des Staates sah man in der Tat, um dessen eigenes Monopol der Plünderei zu beschützen, dass privates und unsystematisches Verbrechen auf ein Minimum gehalten wurde; der Staat ist auf seinen 'Schutz' immer eifersüchtig für sich selbst gewesen. Besonders erfolgreich war der Staat in den letzten Jahrhunderten im Einflößen von Angst gegen *andere* staatliche Herrschaftssysteme. Seitdem das Land auf dem Globus zwischen den jeweiligen Staaten aufgeteilt ist, war es eine der grundsätzlichen staatlichen Doktrinen sich selbst mit dem Territorium, welches es beherrschte, zu identifizieren. Und da die meisten Menschen dazu tendieren ihre Heimat zu lieben, war die Identifikation mit

---

[15]Vergleiche Wittfogel (1957: 87–100). Über die entgegengesetzten Regeln der Religion vis-á-vis zum Staat im altertümlichen China and Japan, siehe Norman Jacobs.

dem Land und seinen Menschen – und dem Staat ein Mittel der natürlichen patriotischen Arbeit zugunsten des Staates. Wenn 'Ruritanien' von 'Walldavia' angegriffen wurde, dann war die erste Aufgabe des Staates und seiner Intellektuellen die Menschen in Ruritanien zu überzeugen, dass der Angriff tatsächlich auf *sie* gerichtet war und nicht einfach gegen die herrschende Kaste. Auf diese Weise wurde ein Krieg zwischen *Herrschern* in einen Krieg zwischen *Menschen* umgewandelt, bei dem jeweils alle Leute dazu kamen ihren eigenen Herrscher zu verteidigten in dem irrigen Glauben, dass dieser *sie* beschützen würde. Dieses Mittel des 'Nationalismus' ist nur in den letzten Jahrhunderten der westlichen Zivilisationen erfolgreich gewesen. Es ist noch nicht so lange her, dass die Masse der Bürger den Krieg als irrelevante Schlachten zwischen verschiedenen adeligen Gruppen betrachteten.

Zahlreich und subtil sind die ideologischen Waffen, die der Staat über die Jahrhunderte angewendet hat. Eine exzellente Waffe war 'Tradition'. Je länger das Gesetz des Staates fähig war den Staat selbst zu bewahren, um so mächtiger wurde diese Waffe. Von da an ließ sich die *X*-Dynastie oder der *Y*-Staat im Glanz der Tradition langer Jahrhunderte erscheinen (De Jouvenel, *On Power,* 22).[16] Die Verehrung der Vorfahren der Menschen wurde dann ein nicht zu subtiles Mittel der Verehrung der früheren Herrscher. Die größte Gefahr für den Staat ist unabhängig von intellektueller Kritik. Es gibt keinen besseren Weg diese Kritik im Keim zu ersticken als jede isolierte Stimme, jeden Urheber neuer Zweifel als profane Verletzer der Weisheit

---

[16]De Jouvenel, On Power, p. 22: "The essential reason for obedience is that it has become a habit of the species. ... Power is for us a fact of nature. From the earliest days of recorded history it has always presided over human destinies ... the authorities which ruled [societies] in former times did not disappear without bequeathing to their successors their privilege nor without leaving in men's minds imprints which are cumulative in their effect. The succession of governments which, in the course of centuries, rule the same society may be looked on as one underlying government which takes on continuous accretions."

ihrer Ahnen zu attackieren. Eine weitere potente ideologische Kraft ist das '*Individuum*' zu missbilligen und das 'Kollektiv' der Gesellschaft zu erhöhen. Da jede gegebene Regel Akzeptanz der Mehrheit impliziert, kann jede ideologische Gefahr zu dieser Regel nur mit einzelnen oder wenigen unabhängig denkenden Individuen beginnen. Die 'neue Idee' und ganz zu schweigen von der 'neuen kritischen Idee', muss notwendigerweise als Meinung einer kleinen Minderheit beginnen; und deshalb muss der Staat jede Sicht im Keim ersticken, die der Sicht der Masse trotzt. Phrasen wie „Hört nur auf eure Brüder" oder „zugunsten der Gesellschaft" wurden so ideologische Waffen, um individuellen Dissens zu erdrücken.[17] Durch solche Maßstäbe werden die Massen niemals die Nichtexistenz „des Kaisers neuer Kleider" erlernen (H. L. Mencken, *MC*).[18] Es ist ebenso wichtig für den Staat seine Regeln unvermeidlich erscheinen zu lassen; gerade wenn ihre Regentschaft unerwünscht ist, so wird es mit passiver Resignation aufgefüllt — als Bezeugung einer vertrauten Verkoppelung zwischen „Tod und Steuern". Eine Methode dazu ist historiographischen Determinismus herbeizuführen, um ihn der individuellen Freiheit des Willens entgegenzusetzen. Wenn uns die X-Dynastie regiert, dann ist das, weil „Unaufhaltsame Gesetze der Geschichte" (oder der „Göttlichen Wille", oder die „Absolute Rechtskraft" oder die „Materielle Kraft des Faktischen") so erlassen haben und nicht wegen irgendwelcher kümmerlichen Individuen, die in der Lage sein dürften, an diesem unvermeidlichen Dekret etwas ändern zu können. Es ist ebenso wichtig für den Staat seinen 'Bürgern' (den Subjekten) irgend eine 'Verschwörungstheorie der Geschichte' einzuimpfen.

---

[17]Über solchen Gebrauch der Religion, siehe Norman Jacobs (passim).

[18]H.L. Mencken (MC: 145): "All [government] can see in an original idea is potential change, and hence an invasion of its prerogatives. The most dangerous man, to any government, is the man who is able to think things out for himself, without regard to the prevailing superstitions and taboos. Almost inevitably he comes to the conclusion that the government he lives under is dishonest, insane and intolerable, and so, if he is romantic, he tries to change it. And even if he is not romantic personally he is very apt to spread discontent among those who are."

Eine Suche nach 'Verschwörungen' bedeutet eine Suche nach Motiven und eine Zuschreibung von Verantwortung für historische Missetaten. Wenn den Menschen irgendwie eine Tyrannei durch den Staat (oder Bestechung, oder einen Angriffskrieg) überkommt, die *nicht* durch die staatlichen Herrscher verursacht war, sondern durch mysteriöse und geheime „soziale Kräfte" (oder durch den unvollkommenen Weltstaat, oder wenn auf irgendeine Art '*jedermann*' verantwortlich war („Wir sind alle Mörder" proklamiert so ein Schlagwort), dann gibt es für die Leute keinen Punkt sich zu entrüsteten und sich dagegen aufzulehnen. Ferner bedeutet eine Attacke auf 'Verschwörungstheorien', dass Bürger für Begründungen des 'Gemeinwohls' leichtgläubiger werden, welche immer für den Staat eingesetzt werden, um irgendeine seiner despotischen Handlungen voranzutreiben. Eine 'Verschwörungstheorie' kann das System erschüttern, indem es Zweifel an der staatlichen Propaganda aufkommen lässt.

Eine andere bewährte und echte Methode, um Bürger in den staatlichen Willen einzuspannen, ist ihnen Schuld einzureden. Jede Steigerung des privaten Wohlergehens kann als „skrupellose Habgier", „Materialismus" oder „exzessiver Überfluss" attackiert werden. Profitables Unternehmertum kann als „Ausbeutung" und „Wucher" attackiert werden. Gegenseitig vorteilhafter Handel kann als „Egoismus" ausgelegt und irgendwie immer kombiniert werden mit der Schlussfolgerung, dass mehr Ressourcen vom privaten in den „öffentlichen Bereich" verschoben werden sollten. Eine eingeimpfte Schuld macht die Öffentlichkeit bereiter gerade das zu tun. Denn während einzelne Personen dazu tendieren sich in „egoistischer Gier" wohl zu fühlen, wird im Versagen staatlicher Herrscher sich im Tausch zu engagieren *ihr* Signal in der Hingabe zu höheren und edleren Gründen angenommen – parasitischer Raub scheint im Vergleich zu friedlicher und produktiver Arbeit moralisch und ästhetisch erhaben zu sein.

Im heutigen säkularen Zeitalter ist das göttliche Recht des Staates durch die Beschwörung eines neuen Gottes, namens „Wissenschaft" ersetzt worden. Staatliche Regeln werden nun unter der Überbewertung der hohen Wissenschaftlichkeit proklamiert, als wenn bei der Konstituierung Experten am Werke wären. Aber während 'Vernunft' mehr als in anderen Jahrhunderten als Maßstab herhalten muss, ist dies nicht der wahre Grund des Individuums und seiner Ausübung des freien Willens. Der Staat ist in seiner Eigenschaft immer noch kollektivistisch und deterministisch, er denkt immer noch in ganzheitlichen Anhäufungen und er verlangt immer noch die zwangsweise Manipulation passiver Bürger durch seine Herrschenden.

Der steigende Gebrauch des wissenschaftlichen Jargons hat den staatlichen Intellektuellen untersagt sich obskure Apologien für die staatliche Herrschaft zu stricken, die vom Volk eines einfacheren Zeitalters nur mit Spott begrüßt würden. Ein Räuber, der seinen Diebstahl rechtfertigt, indem er sagt, er hülfe in Wahrheit seinen Opfern, da er durch „seinen Aufwand einen Schub im Einzelhandel" hervorrufe, würde wenig Begeisterte finden. Aber wenn genau diese Theorie mit keynesianischen Gleichungen und beeindruckenden Referenzen zum 'Multiplikationseffekt' eingekleidet wird, dann zieht es unglücklicherweise mehr Überzeugung auf sich. Und so greift jeder Zeitgeist auf seine Art auf den gesunden Menschenverstand über und schreitet voran.

Ideologische Unterstützung ist so für den Staat lebenswichtig. Der Staat muss unaufhörlich versuchen die Öffentlichkeit mit seiner 'Legitimierung' zu beeindrucken, um seine Aktivitäten von denen reiner Banditen hervorzuheben. Die unermüdliche Verbissenheit seiner Angriffe auf den gesunden Menschenverstand ist kein Unfall, wie es Mencken (*MC,* 146-47) plastisch macht:

> „Der durchschnittliche Mensch — was
> auch immer sonst seine Fehler sind
> — sieht letztendlich darin klar,
> dass der Staat etwas außerhalb
> seiner Selbst und außerhalb der
> Allgemeinheit seiner Mitmenschen
> ist. Er sieht, dass der Staat eine

separate, unabhängige und feindliche Macht ist, nur partiell unter seiner Kontrolle und fähig ist ihm großen Schaden beizufügen. Ist es eine Tatsache ohne Bedeutung, dass die Plünderei des Staates überall im Gegensatz zum Diebstahl eines Individuums (oder gar einer Firma) als geringfügiges Vergehen betrachtet wird? ... Was dahinter steckt, ist, glaube ich, ein tiefer Grund von fundamentaler Gegensätzlichkeit zwischen dem Staat und den Menschen, die er regiert. 'Staat' ist nicht so zu begreifen wie ein gewähltes Komitee von Bürgern, um das kommunale Geschäft der gesamten Bevölkerung weiter zu betreiben, sondern als eine separate und autonome Körperschaft, die sich hauptsächlich damit beschäftigt die Ausbeutung der Bevölkerung zum Vorteil der eigenen Mitglieder zu widmen. ... Wenn ein privater Bürger ausgeraubt wird, dann ist damit ein ehrbarer Mann um die Früchte seines Fleißes und seiner Sparsamkeit gebracht worden. Wenn der Staat ausgeraubt wird, dann ist das Schlimmste was passieren kann, dass bestimmte Schurken und Gammler weniger Spielgeld haben als vorher. Die Bemerkung, dass sie das Geld 'verdient' hätten, dient nicht dem Amüsement, aber für die meisten sensiblen Menschen wirkt es trotzdem lächerlich."

IV. WIE SICH DAS BIEST ENTFESSELT

Bertrand de Jouvenel hat weise aufgezeigt, wie über die Jahrhunderte Menschen Konzepte gebildet haben, die dazu entworfen wurden, die Ausübung staatlicher Regeln zu überwachen und zu begrenzen, wobei der Staat mit seinen Kräften fähig war, eine Regel nach der anderen dem eigenen Vorteil zuzuführen, indem er diese Konzepte in intellektuellen Absegnungen und Legitimierungen seiner Dekrete und Handlungen umwandelte. Ursprünglich versprach das Konzept der göttlichen Souveränität, dass die Könige in Westeuropa nur bezüglich 'Gottes Gesetz' regieren durften. Die Könige stempelten jedoch mit dem Konzept der göttlichen Bewilligung jede königliche Handlung ab. Das Konzept der parlamentarischen Demokratie begann als eine populäre Kontrolle über absolute monarchische Regeln. Es endete mit einem Parlament als wesentlicher Teil des Staates, welches in all seinen Handlungen total souverän wurde. So schlussfolgert de Jouvenel (*On Power*, 27ff):

> „Viele Schreiber der 'Souveränitätstheorien' haben eine ... dieser restriktiven Hilfsmittel ausgearbeitet. Aber früher oder später hat jede einzelne dieser Theorien ihren ursprünglichen Zweck verloren, und wandelte sich mit der kraftvollen Beihilfe eines unsichtbaren Souveräns, mit dem es sich mit der Zeit selbst identifizieren konnte, um letztendlich nur noch als ein Sprungbrett zur Macht zu wirken."

Ähnlich geschah es auch mit tiefer greifenden Doktrinen: Die „natürlichen Rechte" des Individuums wie sie durch John Locke und im 'Bill of Rights' 'bewahrt' waren, wurden eine juristische 'Staatsaufgabe'. Utilitarismus wechselte von Argumenten für Freiheit zu Argumenten gegen den Widerstand der staatlichen Invasion für Freiheit etc.

Sicherlich war der am meisten ambitionierte Versuch den Staat zu begrenzen die 'Bill of Rights' und andere restriktive Teile der amerikanischen Verfassung. Sie sollten als fundamentales Gesetz die Grenzen der Regierung beschreiben und durch ein vom übrigen Staat 'mutmaßlich' unabhängiges Rechtswesen interpretiert werden können. Mit dem Prozess, durch den die Konstruktion der Begrenzung in der Verfassung im letzten Jahrhundert exorbitant erweitert wurde, sind alle Amerikaner gut vertraut. Aber wenige sind so kühn gewesen wie Professor Charles Black, der erkannte, dass sich der Staat (aufgrund einer Enwicklung der gerichtlichen Bewertung über sich selbst) von einem begrenzten Konzept in ein Instrument zur Ausstattung ideologischer Legitimierung der staatlichen Handlungen ausgestaltet hat. Eine rechtliche Verfügungsgewalt über die Frage, was einem selbst zu entscheiden erlaubt ist, ist ein mächtiges staatliches Einfallstor. Es ist ein implizites oder explizites Urteil über die 'Verfassung' und eine mächtige Waffe für die Pflege öffentlicher Akzeptanz über immer größeren staatlichen Einfluss.

Professor Black beginnt seine Analyse im Aufzeigen der ausschlaggebenden Notwendigkeit für jeden Staat durch 'Legitimierung' zu bestehen. Diese Legitimierung kennzeichnet grundsätzliche mehrheitliche Akzeptanz für den Staat und seine Handlungen (Black, 35ff). Akzeptanz der Legitimierung wird ein spezielles Problem in einem Land wie die Vereinigten Staaten, wo „feste Begrenzungen in die Theorie eingebaut sind, auf die der Staat sich stützt." Was gebraucht würde, fügt Black hinzu, ist ein Mittel, durch welches der Staat der Öffentlichkeit zusichern kann, dass sein wachsender Einfluss tatsächlich „verfassungsgerecht" sei. Und dies – so schlussfolgert er – sei die hauptsächliche historische Funktion der rechtlichen Bewertung gewesen.

Aber lassen wir Black (42-43) das Problem selbst illustrieren:

```
The supreme risk [to the government]
is   that   of   disaffection   and   a
```

feeling of outrage widely disseminated throughout the population, and loss of moral authority by the government as such, however long it may be propped up by force or inertia or the lack of an appealing and immediately available alternative. Almost everybody living under a government of limited powers, must sooner or later be subjected to some governmental action which as a matter of private opinion he regards as outside the power of government or positively forbidden to government. A man is drafted, though he finds nothing in the Constitution about being drafted. . . . A farmer is told how much wheat he can raise; he believes, and he discovers that some respectable lawyers believe with him, that the government has no more right to tell him how much wheat he can grow than it has to tell his daughter whom she can marry. A man goes to the federal penitentiary for saying what he wants to, and he paces his cell reciting . . . "Congress shall make no laws abridging the freedom of speech.". . . A businessman is told what he can ask, and must ask, for buttermilk. The danger is real enough that each of these people (and who is not of their number?) will confront the concept of governmental limitation with the reality (as he sees it) of the flagrant overstepping of actual limits, and draw the obvious conclusion as to the status of his government with respect to

```
legitimacy.
```

Diese Gefahr wird abgewendet durch die Darlegung der Lehre von Staatstheoretikern, dass ein Agent die ultimative Entscheidungsbefugnis über die Verfassungsgewalt haben und dass dieser Agent letztlich ein Teil des Bundesstaates sein müsse.[19] Denn während die augenscheinliche Unabhängigkeit bundesbehördlicher Justiz praktisch eine vitale Aufgabe, quasi einen 'Heiligen Erlass' für die Masse der Menschen gespielt hat, ist es auch stets wahr, dass die Justiz einen wesentlichen Bestandteil des Regierungsapparates bildet und durch den exekutiven und legislativen Zweig ernannt wird. Black räumt ein, dass dies bedeutet, dass der Staat sich in seinem eigenem Fall selbst als ein Richter eingesetzt hat, und so ein grundsätzliches rechtsstaatliches Prinzip verletzt, um gerechte Urteile zu erreichen. Er leugnet schroff die Möglichkeit jedmöglicher Alternative.[20]

Black (49) fügt hinzu:

> „Das Problem ist dann solche staatlichen Mittel der Entscheidung zu ersinnen, die allein aufgrund der

---

[19]Black (52): "The prime and most necessary function of the [Supreme] Court has been that of validation, not that of invalidation. What a government of limited powers needs,at the beginning and forever, is some means of satisfying the people that it has taken all steps humanly possible to stay within its powers. This is the condition of its legitimacy, and its legitimacy, in the long run, is the condition of its life. And the Court, through its history, has acted as the legitimation of the government."

[20]Für Black ist diese „Lösung", obwohl paradox, ungeniert selbstverständlich: "*the final power of the State . . . must stop where the law stops it. And who shall set the limit, and who shall enforce the stopping, against the mightiest power? Why, the State itself, of course, through its judges and its laws. Who controls the temperate? Who teaches the wise?*" (Ibid., pp. 32–33) Und: "*Where the questions concern governmental power in a sovereign nation, it is not possible to select an umpire who is outside government. Every national government, so long as it is a government, must have the final say on its own power.*" (Black, 48–49)

artikulatorischen Druckstärke des
Einwandes, dass Staat in seinem
eigenen Fall Richter ist, den selben
[hoffentlich] auf ein tolerierbares
Minimum reduzieren werden. Nachdem
das getan ist, kannst Du nur noch
hoffen, dass dieser Einwand
praktisch selbst genug seiner
Relevanz verlieren wird (*sofern
überhaupt noch verteidigungsfähig*
[Rothbards italics]), dass die
Legitimationsarbeit der
entscheidenden Institution
Akzeptanz gewinnen kann."

Letztendlich beurteilt Black in seiner Analyse die staatliche
'Errungenschaft' der Justiz und Legitimation aufgrund der
fortwährenden (tautologischen) Rechtsetzung in eigener Sache
als „etwas von einem Mirakel."[21]

In der Anwendung seiner These auf den altbekannten
Konflikt zwischen Supreme Court und New Deal, scheltet
Professor Black seine Pro-New-Deal-Mitstreiter scharf für
deren Kurzsichtigkeit im Anprangern gerichtlicher Behinderung:

„die Standardversion der Geschichte
des New Deal und dem
Verfassungsgericht, so akkurat es in
seiner Weise ist, verschiebt die
Schwerpunkte. ... Es hält sich an

---

[21]Diese Zuschreiben von Wundern an den Staat erinnert an James
Burnhams Rechtfertigung des Staates durch Mystifikation und
Irrationalismus: "*In ancient times, before the illusions of science had
corrupted traditional wisdom, the founders of cities were known to be gods or
demigods. ... Neither the source nor the justification of government can be put
in wholly rational terms ... why should I accept the hereditary or democratic or
any other principle of legitimacy? Why should a principle justify the rule of
that man over me? ... I accept the principle, well ... because I do, because that is
the way it is and has been.*" James Burnham (3–8). Aber was ist, wenn
man das Prinzip nicht akzeptiert? Was soll „der Weg" dann sein?

den Schwierigkeiten auf; es vergisst
fast, wie die ganze Sache produziert
wurde. Das Ergebnis der
Angelegenheit war [und das ist, was
ich betonen möchte], dass nach etwa
vierundzwanzig Monaten des
Vereitelns ... das Supreme Court
ohne eine einzige Änderung in dessen
gesetzlichen Ausarbeitung, (wohl
aber in seiner Personalbesetzung)
einfach den Stempel unter die
Legitimierung des New Deal gesetzt
hat und damit unter das gesamte neue
Konzept der Vereinigten Staaten von
Amerika." (Black, 64).

Auf diese Weise war das Supreme Court fähig einer großen
Menge von Amerikanern den Laufpass zu geben, die starke
verfassungsmäßige Einwände zum New Deal gehabt haben:

„Natürlich war nicht jeder
zufrieden. Der Attraktive Kronprinz
Charlie der Verfassungsmäßigkeit,
der Laissez-faire kommandiert,
bewegt noch die Herzen einiger
weniger Zeloten im Hochland der
cholerischen Unwirklichkeit. Aber
es gibt nicht länger irgendwelche
signifikanten oder gefährlichen
öffentlichen Zweifel daran, dass die
verfassungsgemäße Kraft des
Kongresses so recht handele wie sie
es mit der nationalen
Volkswirtschaft tut. ... Wir hatten
kein anders Mittel als das Supreme
Court, um dem New Deal Legitimation
zu verschaffen." (Black, 65).

John C. Calhoun war ein hauptverantwortlicher politischer
Theoretiker im Supreme Court. Da er anerkannt war, war es ihm
(nach Blacks Verständnis) möglich das deutliche Schlupfloch in

einer verfassungsgemäßen Grenze des Staates wahrzunehmen –
und damit das Ergebnis über diese entscheidende Frage.
Calhoun begnügte sich nicht mit dem „Mirakel", sondern fuhr
stattdessen mit einer tiefen Analyse des Verfassungsproblems
fort. In seiner Abhandlung (*„Disquisition"*) demonstrierte
Calhoun die innewohnende Tendenz des Staates durch die
vorgesehenen Begrenzungen einer solchen Verfassung
durchzubrechen:

> „Eine geschriebene Verfassung hat
> sicherlich viele und beträchtliche
> Vorteile, aber es ist ein großer
> Fehler anzunehmen, dass die reine
> Einfügung von Vorkehrungen
> ausreiche, um die Macht des Staates
> einzuschränken und zu begrenzen *ohne*
> *etwas für die Mittel der Befolgung*
> *dessen zu investieren, wofür sie*
> *eingefügt werden* [Rothbards
> italics] und um zu verhindern, dass
> die wichtigste und beherrschende
> Partei vom Missbrauch ihrer Macht
> abgehalten wird. Ist diese Partei an
> der Regierung wird sie von der
> selben Verfassung der Menschen und
> die selbe Kraft angetrieben, die
> ihnen durch die Verfassung verliehen
> ist, die den Staat nötig macht, um
> die Gesellschaft zu schützen – wie
> sie auch durch die bewahrenden
> Vorkehrungen aufgehalten wird, die
> der Verfassung beigefügt sind, ...
> . Die kleinere oder schwächere
> Partei wird im Gegensatz dazu die
> entgegengesetzte Haltung einnehmen
> und die Vorkehrungen in der
> Verfassung als ihren wesentlichen
> Schutz gegen die beherrschende
> Partei betrachten. ... Aber wenn
> keine Mittel vorhanden sind, durch
> die sie die herrschende Partei
> zwingen können die Einschränkungen

der Verfassung zu beachten, bleibt
ihnen nur die Zuflucht in einer
strengen   Konstruktion   der
Verfassung. ... Hingegen würde die
herrschende   Partei   gegen   ein
liberale Konstruktion sein. ... Es
würde also eine Konstruktion gegen
die Konstruktion sein — die eine um
die Macht der Regierung zusammen und
die andere, um sie wieder bis zum
äußersten auseinander zu ziehen.
Aber von welcher möglichen Nutzen
könnte die strenge Konstruktion der
schwächeren   Partei   gegen   die
liberale   Konstruktion   der
herrschenden sein, wenn die eine
alle Macht des Staates haben würde
ihre Konstruktion umzusetzen und die
andere   aller   ihrer   Mittel   zur
Durchsetzung entzogen ist? In einem
Wettstreit, der so ungleich ist,
würde   das   Ergebnis   zweifelhaft
bleiben.   Die   Partei   die   die
Restriktionen   befürwortet   würde
überstimmt.   ...   Am   Ende   des
Wettstreits würde die Subversion der
Verfassung   stehen.   ...   Die
Restriktionen   würden   endgültig
annulliert werden und die Regierung
würde   in   eine   mit   unbegrenzter
Befugnis konvertiert werden." (John
C. Calhoun, 25-27)[22]

Einer der wenigen Politik-Wissenschaftler, der Calhouns
Verfassungsanalyse aufgriff, war Professor J. Allen Smith. Smith
bemerkte, dass die Konstitution mit 'checks and balances'
konzipiert war, um jederlei staatliche Macht zu limitieren und hat
dann doch ein Supreme Court mit dem Monopol endgültiger
Auslegungsbefugnis entwickelt. Wenn die Bundesregierung

---

[22]Vergleiche auch Murray N. Rothbard (*Conservatism,* 219).

geschaffen wurde, um Eingriffe in die individuelle Freiheit durch die verschieden Staaten zu kontrollieren, wer ist dann da, um die Föderal-Macht zu prüfen? Smith behauptete, dass in der "check-and-balance"-Idee der Verfassung implizit die begleitende Sicht sei, dass nicht einem Ableger der Regierung die endgültige Entscheidungsbefugnis zugebilligt werden dürfe: "It was assumed by the people that the new government could not be permitted to determine the limits of its own authority, since this would make it, and not the Constitution, supreme."[23]

Die Lösung, die Calhoun vorzog (und später in diesem Jahrhundert auch solche Autoren wie Smith), war natürlich nur die altbekannte Lehrmeinung der 'konkurrierenden Mehrheit'. Wenn demnach ein substantielles Interesse einer Minderheit im Land (insbesondere die Regierung eines Föderalstaates) glaubte, dass die Bundesregierung ihre Macht unbefugt ausdehne, hätte die Minderheit das Recht der Ausführung als verfassungswidrig zu widersprechen. Auf staatliche Regierungen angewendet, verlangte diese Theorie nach dem Recht der 'Annullierung' der Bundesgesetze oder nach Bestimmungen innerhalb der Rechtsprechung.

Theoretisch würde das daraus folgende Verfassungssystem absichern, dass die Bundesregierung jeden Eingriff auf das Individuum der einzelnen US-Staaten überprüft, während die US-Staaten exzessive föderale Macht gegen das Individuum überprüfen würden. Und während Begrenzungen zweifellos effektiver sein würden als bis dahin, gäbe es dennoch viele Schwierigkeiten und Probleme in Calhouns Lösung. Wenn ein nachrangiges Interesse tatsächlich rechtmäßig ein Veto über die

---

[23]J. Allen Smith (88) fügt hinzu: *"it was obvious that where a provision of the Constitution was designed to limit the powers of a governmental organ, it could be effectively nullified if its interpretation and enforcement are left to the authorities as it designed to restrain. Clearly, common sense required that no organ of the government should be able to determine its own powers."* Clearly, common sense and "miracles" dictate very different views of government (p. 87)."

diesbezügliche Sache auslösen sollte, warum sollte es dann nur auf Bundes-Staaten angewendet werden? Warum sollte die Veto-Funktion nicht auf Länder, Städte und Stadtbezirke übertragen werden? Ferner sind Interessen nicht nur örtlich sondern auch auch beruflich, sozial, etc. einteilbar. Was ist mit Bäckern oder Taxi-Fahrern oder Menschen aus anderen Berufen? Sollte *diesen* kein Vetorecht bezüglich ihres eigenen Lebens erlaubt sein? Dies bringt uns zu dem wichtigen Punkt, dass die Annullierungs-Theorie ('nullification') ihre Prüfungen zu *Institutionen des Staates* selbst begrenzt. Lassen Sie uns nicht vergessen, dass 'federal'- und 'state governments' und deren bezügliche Abzweigungen immer noch Staaten und immer noch eher durch ihre eigenen staatlichen Interessen gesteuert sind als durch Interessen privater Bürger. Was ist damit das Calhoun-System davor zu bewahren genau anderes herum zu funktionieren, also vor einzelnen US-Staaten, die ihre Bürger tyrannisieren und das Widerspruchsrecht nur der Bundesregierung zugestehen, wenn sie versucht zu intervenieren, um genau diese einzel-staatliche Tyrannei zu *stoppen*? Oder für Einzel-Staaten sich die föderale Tyrannei gefallen zu lassen? Was ist mit dem Schutz davor, dass Bundesregierung und US-Staaten gegenseitige vorteilhafte Allianzen bilden, um gemeinsam die Ausbeutung *ihrer* Bürger zu betreiben? Und selbst wenn die privaten berufsbezogenen Gruppierungen etwas wie eine Art 'funktionaler' Vertretung in der Regierung bilden könnten, was ist mit dem Schutz davor, dass sie den Staat dazu missbrauchen, um Hilfsgelder und andere besondere Privilegien für sich selber zu erringen oder gar ihre eigenen Mitglieder mit zwangsweise verhängten Kartellen ausbeuten?

Kurz gefasst: Calhoun führt seine wegweisende Theorie über Konkurrenz nicht weit genug. Er bricht sie nicht auf das Individuum selbst herunter. Wenn das Individuum nach allen Überlegungen dasjenige ist, dessen Rechte zu schützen sind, dann müsste eine konsistente Theorie der Konkurrenz das Vetorecht für jedes Individuum fordern — also eine Art 'Einstimmigkeits-Prinzip'. Wenn Calhoun (20-21) schrieb, dass es „unmöglich sein sollte die Regierung ohne den konkurrierenden Konsens aller in Handlung zu setzen", hatte er vielleicht unabsichtlich gerade solch eine Schlussfolgerung vorausgesetzt. Aber so eine Spekulation könnte uns von der eigentlichen Sache ablenken, denn entlang dieser Theorie lassen sich politische Systeme überhaupt nur noch schwerlich als 'Staaten' bezeichnen.[24] Um nur eine Sache zu nennen: Gerade wie das Recht der Annullierung für einen Staat logischerweise sein Recht auf *Sezession* bedeutet, so würde ein individuelles Recht das Recht jedes Einzelnen aus dem Staat zu 'sezedieren' bedeuten, unter dem er lebt.[25]

So hat der Staat beständig ein beachtliches Talent für die Expansion seiner Stärke gezeigt bis hinter jegliche Beschränkung, die eigenst gegen diese Macht eingerichtet wurde. Da der Staat notwendigerweise durch zwanghafte Konfiskation von privatem Kapital lebt, und weil seine Expansion notwendigerweise immer größere Eingriffe auf private Individuen und private Unternehmen einbindet, müssen wir feststellen, dass der Staat tiefgreifend und schon an sich *anti*kapitalistisch ist. In dem Sinn, dass der Staat heutzutage das „Exekutiv-Komitee" der herrschenden Klasse sei — vorgeblich wegen der 'Kapitalisten', ist unsere Position das Gegenteil des marxistischen Diktums. Der Staat als „die Organisation des politischen Mittels" bildet und ist stattdessen die Quelle der „herrschenden Klasse" (besser: „herrschende *Kaste*") und ist in permanenter Opposition zu *echtem* privaten Kapital. Wir können deshalb mit de Jouvenel Jouvenel (*On Power,* 171) sagen:

> „Nur diejenigen, die nichts anderes
> wissen als das aus ihrer eigenen

---

[24]In recent years, the unanimity principle has experienced a highly diluted revival particularly in the writings of Professor James Buchanan. Injecting unanimity into the present situation, however, and applying it only to changes in the status quo and not to existing laws, can only result in another transformation of a limiting concept into a rubber stamp for the State. If the unanimity principle is to be applied only to changes in laws and edicts, the nature of the initial "point of origin" then makes all the difference. Cf. James Buchanan and Gordon Tullock (passim).

[25]Vergleiche Herbert Spencer (1890) "The Right to Ignore the State".

Zeit, die komplett im Schatten der
Art des Verhaltens der Macht durch
Tausende von Jahren sind, würden
diese Prozesse [Nationalisierung,
die Einkommensteuer, etc.] als die
Früchte einer besonderen Klasse von
'Lehren' ansehen. Sie sind
tatsächlich die normale
Manifestationen von Macht und
unterscheiden sich in ihrer Natur
überhaupt nicht von Heinrichs [des
VIII. von England] Konfiskation bei
der Auflösung der Klöster. Das
gleiche Prinzip arbeitet auch hier;
der Hunger nach Autorität, der Durst
nach Ressourcen; und in allen dieser
Operationen sind die gleichen
Merkmale vorhanden, einschließlich
der reißenden Aufständerung der
Verteiler der Ausbeute. Ob es
Sozialisten sind oder nicht, Macht
muss immer mit den kapitalistischen
Autoritäten im Krieg stehen und die
Kapitalisten von ihren
akkumulierten Wohlstand
ausplündern; dabei befolgt es nur
das Gesetz seiner eigenen Natur."

V. WAS DER STAAT FÜRCHTET

Was der Staat über alles andere fürchtet, ist natürlich jedwede
fundamentale Gefährdung der eigenen Macht und eigenen
Existenz. Der Niedergang eines Staates kann hauptsächlich über
zwei Wege erfolgen: (a) durch Eroberung eines anderen Staates
oder (b) durch revolutionären Umsturz seiner eignen Bürger —
kurz: durch Krieg oder Revolution. Krieg oder Revolution als die

zwei grundsätzlichen Gefährdungen entfachen bei den staatlichen Herrschern stets ihre maximalen Bemühungen und ihre maximale Propaganda zu den Menschen. Es muss, wie bereits ausgeführt, immer jede Möglichkeit genutzt werden, um die Menschen (in deren Glauben, dass sie sich selbst verteidigen würden) für die Verteidigung des Staates zu mobilisieren. Die Täuschung dieser Idee wurde offenbar, als die Wehrpflicht auch gegen jene angewendet wurde, die es ablehnten sich selbst zu 'verteidigen' und deshalb gezwungen werden mussten beim staatlichen Militär mitzumachen. Es ist wohl unnötig hinzuzufügen, dass ihnen für sich selbst meist keine 'Verteidigung' gegen diesen Akt 'ihres eigenen' Staates erlaubt gewesen ist.

Im Krieg wird die staatliche Macht bis zum Äußersten getrieben und unter den Schlagwörtern „Verteidigung" und „Notstand" kann sich eine Tyrannei über das Volk entfalten, während in Friedenszeiten das Volk dem noch offen widerstehen kann. Krieg liefert dem Staat also viele Vorteile und jeder moderne Krieg brachte der kriegsführenden Gesellschaft dauerhafte staatliche Altlasten. Darüber hinaus liefert Krieg einem Staat verführerische Gelegenheiten zur Eroberung von Land in dem erstmals effektiv ihr Machtmonopol ausgeübt werden kann. Randolph Bourne traf sicherlich die korrekten Worte: „Krieg ist die Gesundheitskur des Staates". Aber für jeden einzelnen Staat buchstabiert sich ein Krieg entweder wie 'Gesundheit' oder wie 'schwere Verletzung'.[26]

Wir können diese Hypothese testen, dass der Staat an seinem

---

[26]Wir haben gesehen, dass die Unterstützung durch die Intellektuellen wesentlich für den Staat ist, und dies schließt Unterstützung gegen ihre beiden akuten Gefährdungen mit ein. Siehe dementsprechend Randolph Bourne (205–22) über die Rolle der amerikanischen Intellektuellen bei Amerikas Eintritt in den Ersten Weltkrieg. Wie Bourne aussagt, ist es ein übliches Motto der Intellektuellen Unterstützung der Handlungen des Staates zu gewinnen, jede Diskussion innerhalb den Grenzen der zentralen staatlichen Richtlinien zu kanalisieren und jede fundamentale oder totale Kritik dieses grundlegenden Richtwerks zu entmutigen.

eigenen Schutz weit mehr interessiert ist als an dem seiner Bürger mit der Frage: Welche Kategorie von Verbrechen verfolgt und bestraft der Staat am meisten — diese gegen private Bürger oder diese gegen sich *selbst?* Die schwerwiegendsten Verbrechen im staatlichen Strafen-Lexikon sind fast nie Vergehen an privaten Personen oder deren Eigentum, sondern es sind Angriffe auf das *eigene* selbstgefällige Behagen des Staates, zum Beispiel Hochverrat, Desertation eines Soldaten zum Feind, Verweigern des Wehrdienstes, Subversion und subversive Verschwörung, Attentate auf Herrschende und solche ökonomischen Verbrechen gegen den Staat wie Fälschung der staatlichen Währung oder das Hinterziehen seiner Einkommensteuer. Oder man vergleiche das Ausmaß des Eifers, dass aufgebracht wird einen Mann zu fassen, der einen Polizisten angegriffen hat mit der Lässigkeit, die der Staat zum Schutz vor Angriffe auf einen gewöhnlichen Bürger aufreibt. Kurios erscheint auch, dass der Staat sich oft vor der Öffentlichkeit wegen der angeblichen Dringlichkeit seiner eigenen Verteidigung rechtfertigt und sich nur wenige Menschen an der Inkonsistenz des Staates und seinen verfehlten 'moralischen' Zielen stören.[27]

---

[27]Wie Mencken es in seine unnachahmliche Art und Weise setzt: "This gang ("the exploiters constituting the government") is well nigh immune to punishment. Its worst extortions, even when they are baldly for private profit, carry no certain penalties under our laws. Since the first days of the Republic, less than a few dozen of its members have been impeached, and only a few obscureunderstrappers have ever been put into prison. The number of men sitting at Atlanta and Leavenworth for revolting against the extortions of the government is always ten times as great as the number of government officials condemned for oppressing the taxpayers to their own gain." (Mencken, *MC*: 147–48) Für eine anschauliche und unterhaltsame Beschreibung des mangelhaften Schutzes der Person gegen den feindlichen Einfall in seine Freiheit durch seine „Beschützer", siehe H.L. Mencken (*Nature*, 138–43).

VI. Wie Staaten miteinander in Beziehung stehen

Seitdem die territorialen Gebiete auf der Erde unter den verschiedenen Staaten aufgeteilt sind, müssen inter-staatliche Beziehungen eine Menge Zeit und Energie des Staates in Anspruch nehmen. Die natürliche Tendenz des Staates seine Macht auszuweiten sowie die äußerlichen Aktivitäten (sprich: die Expansion durch Eroberung territorialer Gebiete) erfordert entsprechenden Einsatz staatlicher Kräfte. Solange ein Gebiet staatenlos oder unbewohnt ist, zieht jede solche Ausdehnung einen inhärenten Interessenkonflikt zwischen einer Garnitur von staatlichen Herrschern und anderen hervor. Nur eine Gruppe von staatlichen Herrschern kann ein Gewaltmonopol über ein bestimmtes Territorium und zu einer bestimmten Zeit erzielen: vollständige Macht über ein Territorium durch den Staat X kann nur durch Verdrängen von Staat Y erreicht werden. Obwohl Krieg risikoreich ist, besteht doch durch das Taktieren mit diplomatischen Allianzen und Koalitionen zwischen Staaten eine immer während Tendenz dazu nach Perioden des Friedens in solchen Zustand wieder einzutreten.

Wir haben gesehen, dass der 'innerbetriebliche' oder 'häusliche' Versuch den Staat einzuschränken, im siebzehnten bis neunzehnten Jahrhundert mit Verfassungskonstruktionen seine bemerkenswerteste Form erreichte. Seine 'externen' Gegenstücke oder die 'außenpolitischen Beziehungen' waren die Entwicklung des 'internationalen Rechtes' wie insbesondere solche Sachen wie 'Kriegsrechte' und 'Neutralitätsrechte'.[28] Teile des internationalen Rechtes waren ursprünglich rein privat; sie erwuchsen überall aus den Bedürfnissen von Kaufleuten und Händlern, um ihr Eigentum zu schützen und ihre Konflikte zu lösen. Beispiele sind das Seerecht und das Handelsrecht. Aber selbst die vom Staat ausgehenden Normen entstanden freiwillig

---

[28]Das heißt, es wird vom modernen internationalen Recht mit seinem Schwerpunkt der Maximierung des Ausmaßes von Krieg durch solche Begriffe wie „kollektive Sicherheit" ausgezeichnet.

und waren nicht durch irgend einen internationalen Superstaat verhängt worden. Das Objekt der Kriegsrechte war zwischenstaatliche Zerstörung auf Kosten des Staatsapparates selbst zu begrenzen und dabei die unschuldige 'bürgerliche' Öffentlichkeit vor Abschlachterei und Verwüstung zu bewahren. Die Sache der Entwicklung von Neutralitätsrechten war es den privaten und zivilen internationalen Kommerz besonders in 'feindlichen' Ländern vor Beschlagnahme von einer der kriegsführenden Parteien zu beschützen. Das vorrangige Ziel war es also die Auswüchse der Kriege zu begrenzen, besonders seine schlimmen Auswirkungen auf die zivile Bevölkerung der neutralen Ländern und auch in den Ländern, in denen der Krieg wütete.

Der Jurist F.J.P. Veale (63) beschreibt reizend die kurze Blütezeit solcher „zivilisierten Kriegsführung" im fünfzehnten Jahrhundert in Italien:

> "the rich burghers and merchants of medieval Italy were too busy making money and enjoying life to undertake the hardships and dangers of soldiering themselves. So they adopted the practice of hiring mercenaries to do their fighting for them, and, being thrifty, businesslike folk, they dismissed their mercenaries immediately after their services could be dispensed with. Wars were, therefore, fought by armies hired for each campaign. ... For the first time, soldiering became a reasonable and comparatively harmless profession. The generals of that period maneuvered against each other, often with consummate skill, but when one had won the advantage, his opponent generally either retreated or surrendered. It was a recognized rule that a town could only be

sacked if it offered resistance:
immunity could always be purchased
by paying a ransom. ... As one
natural consequence, no town ever
resisted, it being obvious that a
government too weak to defend its
citizens had forfeited their
allegiance. Civilians had little to
fear from the dangers of war which
were the concern only of
professional soldiers."[29]

Die nahezu absolute Separation der privaten
Zivilbevölkerung vom staatlichen Kriegen des 18ten
Jahrhunderts in Europa wird von Nef herausgestellt:

"Even postal communications were not
successfully restricted for long in
wartime. Letters circulated without
censorship, with a freedom that
astonishes the twentieth-century
mind. ... The subjects of two
warring nations talked to each other
if they met, and when they could not
meet, corresponded, not as enemies
but as friends. The modern notion
hardly existed that ... subjects of
any enemy country are partly

---

[29]Ähnlich schreibt Professor Nef (158) über den Krieg, den Don Carlos
in Italien zwischen Frankreich, Spanien und Sardinien gegen
Österreich im achtzehnten Jahrhundert wagte: "at the siege of
Milan by the allies and several weeks later at Parma ... the rival
armies met in a fierce battle outside the town. In neither place were
the sympathies of the inhabitants seriously moved by one side or
the other. Their only fear as that the troops of either army should
get within the gates and pillage. The fear proved groundless. At
Parma the citizens ran to the town walls to watch the battle in the
open country beyond. (John U. Nef, *War and Human Progress*
[Cambridge, Mass.: Harvard University Press, 1950], p. 158. Also cf.
Hoffman Nickerson, *Can We Limit War?* [New York: Frederick A.
Stoke, 1934])"

accountable for the belligerent acts of their rulers. Nor had the warring rulers any firm disposition to stop communications with subjects of the enemy. The old inquisitorial practices of espionage in connection with religious worship and belief were disappearing, and no comparable inquisition in connection with political or economic communications was even contemplated. Passports were originally created to provide safe conduct in time of war. During most of the eighteenth century it seldom occurred to Europeans to abandon their travels in a foreign country which their own was fighting." Nef (162) "And trade being increasingly recognized as beneficial to both parties; eighteenth-century warfare also counterbalances a considerable amount of 'trading with the enemy.'" Nef (161)[30]

Wie weit Staaten Regeln der zivilisierten Kriegsführung im 20. Jahrhundert überschritten haben, muss hier nicht weiter untersucht werden. In der modernen Ära des totalen Krieges, kombiniert mit der Technologie der Massenvernichtung, scheint die wirkliche Idee den Staatsapparat in seiner Kriegslüsternheit zu begrenzen noch altmodischer und überholter zu sein als mit der ursprünglichen Idee der Verfassung der Vereinigten Staaten.

Wenn Staaten nicht im Krieg stehen, sind oft Vereinbarungen notwendig, um Reibereien auf ein Minimum zu halten. Eine Doktrin, die kurioserweise weite Akzeptanz gewann, ist die vorgebliche „Unverletzlichkeit der Abkommen". Dieses Konzept wurde als Gegenstück der „Unverletzbarkeit

---

[30]Über Verfechtung des Verhandelns mit dem Feind durch Führer der amerikanischen Revolution, siehe Joseph Dorfman (210-211).

von Verträgen" behandelt. Aber ein Abkommen und ein aufrichtiger Vertrag haben nichts miteinander gemein. Ein Vertrag überträgt Eigentumstitel in einer präzisen Art und Weise. Da aber ein Staat in keinem maßgeblichen Sinn sein Territorium 'besitzt', gewähren jegliche Vereinbarungen, auf die sich Staaten verabreden, keine Eigentumsrechte. Wenn zum Beispiel Herr Meier sein Land an Herrn Schmidt vergibt oder verkauft, dann können Meiers Erben nicht einfach Schmidts Erben übergehen und das Land als ihr Rechtmäßiges beanspruchen. Der Eigentumstitel wurde bereits übergeben. Verträge des alten Meier sind automatisch bindend auch für junge Meier, da der erstere bereits die Eigentumsrechte übergeben hat; Junge Meier haben daher keinen Anspruch auf Eigentum. Junge Meier können nur das beanspruchen was sie vom alten Meier geerbt haben, und alte Meier können nur das Eigentum hinterlassen, welches sie noch besitzen. Aber wenn an einem bestimmten Tag die Regierung von (sagen wir) 'Ruritanien' von der Regierung von 'Waldavia' gezwungen oder gar bestochen würde ihr Territorium aufzugeben, ist es absurd zu behaupten, dass die Regierungen oder die Bewohner der beiden Länder aufgrund der Unverletzlichkeit eines staatlichen Abkommens für immer vom Anspruch auf Wiedervereinigung von Ruritanien ausgeschlossen seien. Weder die Menschen noch das Land von Nordwest-Ruritanien wird von einem der beiden Regierungen besessen. Eine Regierung kann natürlich nicht durch die Erblast der Vergangenheit eine spätere Regierung durch ein Abkommen binden. Eine revolutionäre Regierung, die den König von Ruritanien stürzt, könnte gleichermaßen, schwerlich dafür herhalten für die Kriegshandlungen oder Schulden des Königs zu bezahlen, da eine Regierung nicht – wie ein Kind – der wahre 'Erbe' des Eigentums seiner Vorfahren ist.

VII. GESCHICHTE ALS WETTRENNEN ZWISCHEN STAATLICHER UND SOZIALER MACHT

Gerade wie die beiden grundsätzlichen und sich gegenseitig ausschließenden wechselseitigen Beziehungen zwischen Menschen friedliche Kooperation oder zwanghafte Ausbeutung, Produktion oder Raub sind, so kann die Geschichte der Menschheit, insbesondere seine ökonomische Geschichte, als ein Kampf zwischen diesen beiden Prinzipien betrachtet werden. Einerseits gibt es kreative Produktivität, friedlichen Austausch und Kooperation, andererseits erzwungene Kommandowirtschaft und Raub über diese sozialen Beziehungen. Albert Jay Nock bezeichnete geschickterweise diese streitenden Kräfte: "soziale Macht"[*5] und „staatliche Macht".[31] Soziale Macht ist des Menschen *Macht über die Natur*, seine kooperative Verwandlung natürlicher Ressourcen und die Einsicht in die Gesetze der Natur zum Vorteil aller teilnehmenden Individuen. Soziale Macht ist die Macht über die Natur, den durch gegenseitigen Tausch von Menschen erreichten Lebensstandard. Staatliche Macht ist, wie wir gesehen haben, die erzwungene und parasitische Besitzergreifung dieser Produktion — eine Entleerung der Früchte der Gesellschaft zugunsten nichtproduktiver (eigentlich: anti-produktiven) Machthaber. Während soziale Macht Macht über die Natur ist, ist staatliche Macht *Macht über Menschen*. Durch die Geschichte haben menschliche produktive und kreative Kräfte, die Natur über die Zeit immer wieder in neuen Wegen zum menschlichen Vorteil gestaltet. Dies ist in Zeiten der Fall gewesen, solange soziale Macht der staatlichen Macht davon schoss, und solange das Ausmaß der staatlichen Beeinträchtigung über die Gesellschaft beträchtlich kleiner gewesen ist. Aber nach einer

---

[*5]Das Geschick besteht darin, dass Nock den besetzten Begriff 'sozial' für sich einfach zurückbesetzt. (Anm. des Editors)

[31]Über den Begriff staatlicher Macht und sozialer Macht, siehe Albert J. Nock (*Enemy; Memoirs*) und Frank Chodorov.

größeren oder kleineren Zeitspanne hat sich der Staat immer in diese Bereiche bewegt, um die soziale Macht aufs Neue zu verkrüppeln und zu konfiszieren.[32] Im siebzehnten bis ins neunzehnte Jahrhundert gab es in vielen westlichen Ländern Zeiten beschleunigter sozialer Macht und in einer daraus logischen Folge auch wachsende Freiheit, Frieden und materiellen Wohlstand. Das zwanzigste Jahrhundert ist hingegen in erster Linie ein Zeitalter gewesen, in dem die staatliche Macht aufgeholt hat — mit einer konsequenten Rückentartung zu Ausbeutung ähnlich Sklaverei, Krieg und Zerstörung.[33]

In diesem Jahrhundert stellte sich das menschliche Rennen erneut der bösartigen Herrschaft des Staates — einem Staat der seine Bürger konfisziert und nun so mit den Früchten menschlicher kreativer Macht bewaffnet, dass er seine eigenen Ziele pervertiert. Die letzten wenigen Jahrhunderte waren Zeiten in denen Menschen versuchten Verfassungen und andere Begrenzungen einzuführen, um den Staat vom Missbrauch seiner Macht abzuhalten; nur waren solche Bemühungen stets zum Scheitern verurteilt. Von all den zahllosen Formen, die Regierungen über die Jahrhunderte eingenommen haben, von allen Konzepten und Institutionen, die ausprobiert wurden, hat keine den Staat erfolgreich zurückhalten können. Das Problem des Staates ist erwiesenermaßen so weit von einer Lösung entfernt wie es immer war. Vielleicht müssen erst neue Wege der

---

[32]Inmitten im Fluss der Expansion oder Kontradiktion versichert sich der Staat immer, dass er bestimmte aussschlaggebende "Befehlsstände" der Ökonomie und Gesellschaft erfasst und zurückbehält. Unter diesen Befehlsständen sind das Gewaltmonopol, das Monopol der letztgültigen Gerichtsbarkeit, die Wege der Kommunikation und des Transportes (die Post, Straßen, Flüsse, Luftlinien), Wasser für die Bewässerung im orientalischen Despotismus, und Ausbildung — um die Meinungen der künftigen Bürger einzuformen. In der modernen Wirtschaft ist das Geld der entscheidende Befehlsstand.

[33]Dieser parasitische Prozess des "Nachholens" ist nahezu offen von Karl Marx kundgetan worden, der zugestand, dass Sozialismus durch die Inbesitznahme des zuvor im Kapitalismus akkumulierten Kapitals etabliert werden muss.

Untersuchung entdeckt werden, wenn die erfolgreiche endgültige Lösung über die Frage des Staates jemals erlangt werden kann.[34]

---

[34]Ein unabdingbarer Bestandteil solch einer Lösung musste sicherlich die Auflösung der Allianz der Intellektuellen mit dem Staat sein, die durch Schaffung von Zentren der intellektuellen Befragung und Ausbildung unabhängig von staatlicher Macht sein solle. Christopher Dawson bemerkt, dass die großen intellektuellen Bewegungen der Renaissance und der Aufklärung durch Arbeiten außerhalb und manchmal gegen die fest verwurzelten Universitäten erreicht wurden. Diese Akademien der neuen Ideen wurden durch unabhängige Förderer etabliert. Siehe dazu Christopher Dawson.

~~~

BIBLIOGRAFIE

Barnes, Harry Elmer. *The Court Historians Versus Revisionism*. (n.d.).

Beale, Howard K.. *The Professional Historian: His Theory and Practice*. The Pacific Historical Review (August 1953): 227–55.

Black. Charles L. Jr.. *The People and the Court*. NY: Macmillan, 1960.

Bourne, Randolph. *The War and the Intellectuals* in *The History of a Literary Radical and Other Papers*. NY: S.A. Russell, 1956.

Buchanan, James and Gordon Tullock. *The Calculus of Consent*. Ann Arbor: University of Michigan Press, 1962.

Burnham, James. *Congress and the American Tradition*. Chicago: Regnery, 1959.

Butterfield, Herbert. *Official History: Its Pitfalls and Criteria, History and Human Relations*. NY: Macmillan, 1952.

Calhoun, John C.. *A Disquisition on Government*. NY: Liberal Arts Press, 1953.

Chodorov, Frank. *The Rise and Fall of Society*. NY: Devin-Adair, 1959.

Dorfman, Joseph. *The Economic Mind* in American Civilization 1 (1946). NY: Viking Press.

Hume, David. *Of the First Principles of Government* in *Essays, Literary, Moral and Political*. London: Ward, Locke, and Taylor, (n.d.).

Dawson, Christopher. *The Crisis of Western Education*. NY: Sheed and Ward, 1961.

Jacobs, Norman. *The Origin of Modern Capitalism and Eastern Asia*. HK: Hong Kong University Press, 1958: 161–94.

Jouvenel, Bertrand de. *On Power*. NY: Viking Press, 1949.

——. *The Attitude of the Intellectuals to the Market Society*. The Owl, (January 1951): 19–27.

——. *The Treatment of Capitalism by Continental Intellectuals*. In F.A. Hayek, ed., *Capitalism and the Historians*. CH: University of Chicago Press, 1954: 93–123; reprinted in George B. de Huszar, *The Intellectuals*. Glencoe, Ill.: The Free Press, 1960: 385–99; and Schumpeter. *Imperialism and Social Classes*. NY: Meridian Books, 1975: 143–55.

Jaszi, Oscar and John D. Lewis. *Against the Tyrant*. Glencoe, Ill.: The Free Press, 1957.

La Boétie, Étienne de. *Anti-Dictator*. NY: Columbia University Press, 1942.

Lukacs, John. *Intellectual Class or Intellectual Profession?* In de Huszar, The Intellectuals, (n.d.).

Mencken, H.L.. *A Mencken Chrestomathy*. NY: Knopf, 1949.

——. *The Nature of Liberty* in *Prejudices: A Selection*. NY: Vintage Books, 1958.

Mises, Ludwig von. *Theory and History*. New Haven, Conn.: Yale University Press, 1957.

——. *Human Action*. Auburn, Ala.: Mises Institute. 1998.

Needham, Joseph. *Review of Karl A. Wittfogel, Oriental Despotism*, Science and Society, 1958.

Nef, John U.. *War and Human Progress*. Cambridge, Mass.: Harvard U Press, 1950.

Nickerson, Hoffman. *Can We Limit War?* NY: Frederick A. Stoke, 1934.

Nock, Albert Jay. *On Doing the Right Thing, and Other Essays*. NY: Harper and Bros., 1929.

——. *Our Enemy the State*. Caldwell, Idaho: Caxton Printers, 1946.

——. *Memoirs of a Superfluous Man*. New York: Harpers, 1943),

Oppenheimer, Franz. *Der Staat*. Berlin: Libertad Verlag, 1990. <www.franz-oppenheimer.de/staat0.htm>.

Raskin, Marcus. *The Megadeath Intellectuals*. NY: Review of Books, 14 Nov 1963.

Read, Conyers. *The Social Responsibilities of the Historian*. American Historical Review, 1951.

Ribs, Jeanne. *The War Plotters*. Liberation, August, 1961.

Rothbard, Murray N.. 1961. *The Fallacy of the 'Public Sector*. New Individualist Review. Summer 1961.

——. *Conservatism and Freedom: A Libertarian Comment*. Modern Age (Spring, 1961)

Schumpeter, Joseph A.. 1942. *Capitalism, Socialism, and Democracy*. NY: Harper and Bros.

Schwartzman, Jack. *Albert Jay Nock—A Superfluous Man*. Faith and Freedom, December 1953.

Smith, J. Allen. *The Growth and Decadence of Constitutional Government*. NY: Henry Holt, 1930.

Spencer, Herbert. *The Right to Ignore the State* in *Social Statics* NY: D. Appleton, 1890: 229–39. See also The Online Library of Liberty, <oll.libertyfund.org/?option=com_staticxt&staticfile=show.php%3Ftitle=273>

Veale, F.J.P.. *Advance to Barbarism*. Appleton, Wis.: C.C. Nelson, 1953.

Wittfogel, Karl A.. 1957. *Oriental Despotism*. New Haven, Conn.: Yale U Press, 1957.